De Orwell a Vargas Llosa

De Orwell a Vargas Llosa

Apuntes sobre literatura y libertad

Emilio Martínez Cardona

Bolivia, 2015

Fondo Editorial Interamerican Institute for Democracy

Un rebelde es un hombre que dice no.
Albert Camus

Índice

Prólogo

Embajador Armando Valladares[1]

Emilio Martínez Cardona nos ofrece su nueva obra *De Orwell a Vargas Llosa,* un compendio de artículos, ensayos y trabajos cortos que el mismo describe como de literatura y libertad, que son trabajos sobre la defensa de la libertad por medio de la literatura, de decidida defensa de la libertad y de buena literatura.

Se trata de un libro que reúne trabajos de este escritor crítico que no ha sucumbido ante el poder ni por amenazas ni por privilegios como el mismo describe y que repasa varios casos de "coraje civil en defensa de la democracia como de tentación por la omnipotencia de un Estado".

---

1. Escritor, poeta y pintor cubano, Embajador de los Estados Unidos ante la Comisión de Derechos Humanos de las Naciones Unidas. Preso político y de conciencia del dictador Fidel Castro y su régimen por 22 años, encarcelado por negarse a estampar en su escritorio de trabajo una calcomanía de propaganda del régimen cubano que decía "si Fidel es comunista que me pongan en la lista". Autor del best seller "Contra toda esperanza" traducido a 18 idiomas en 13 ediciones. Es Director del Interamerican Institute for Demcocracy

Emilio Martínez Cardona es un destacado periodista Uruguayo-boliviano que se destaca por su defensa de la libertad y la democracia, ha recibido el Premio literario "Los jóvenes también cuentan" en 1992 y vive en Santa Cruz de la Sierra, Bolivia, desde 1996 donde ha sido galardonado con el Premio Nacional de Literatura "Santa Cruz de la Sierra" en cuento, poesía y teatro, habiendo merecido también el "premio Municipal de Literatura" de Montevideo, Uruguay. Es autor de los libros "Noticias de Burgundia", "Cuentos para emborrachar la perdiz", "Antiguos jardines", "Macabria y otros cuentos", "El banquete" , "Cartografías" , "Libro de los espejos", "Ciudadano X: la historia secreta del evismo" y "X2: lo que Unasur no dijo".

Es en el trabajo periodístico donde Emilio Martínez se consagra. Se demuestra talentoso e incansable en la captación y tratamiento de la información, en la actividad de dar noticia, pero noticia de la verdad para orientar adecuadamente la creación de la opinión pública que pretende ser sustituida por la opinión publicitada del régimen. Con este trabajo, Martínez se ratifica en Bolivia y en América Latina como una fuente de veracidad, inteligencia, imparcialidad y credibilidad.

Emilio Martínez es un defensor de la libertad en un ambiente adverso, peligroso y perverso. Se desempeña en el espacio controlado por los gobiernos del socialismo del siglo XXI, el producto de la expansión de la dictadura castrista en la región, que incluye a Bolivia, Venezuela, Ecuador, Nicaragua…, cuanto menos. Son países donde han hecho desaparecer la democracia para sustituirla por regímenes de pantalla en los cuales no se respeta la libertad, no existe estado de derecho, no hay libertad de expresión ni de prensa, hay perseguidos presos y exiliados políticos, el sistema de justicia es el instrumento de la represión política judicializada, y —entre otras cosas— los gobiernos se han apoderado o controlan los principales medios de comunicación, los sistemas electorales y han liquidado cualquier posibilidad de oposición real para permanecer indefinidamente en el poder.

Una cosa es hacer periodismo en condiciones normales de democracia y otra es informar, denunciar, investigar y escribir bajo un sistema de dictadura efectiva (o de omnipotencia del Estado como el autor precisa). Es las condiciones en las Martínez trabaja su libertad no vale nada, está condenado a la pobreza, a ser objeto del permanente intento de "asesinato de la reputación", y a las presiones del gobierno y de las entidades públicas y privadas que el gobierno controla, recluta y amenaza.

De eso trata *De Orwell a Vargas Llosa*, de lecturas breves pero profundas, de textos agudos pero veraces, de relatos de denuncia inteligente, de artículos que ponen el dedo en la llaga, cuya lectura escribe historia y demuestra que en Bolivia bajo el régimen de Evo Morales la democracia es un recuerdo, solo un discurso y a veces un pretexto. Son trabajos que desnudan al populismo y las corrientes totalitarias de nuestro tiempo.

Toma como punto de partida a "Orwell y la libertad de expresión", recordando que "si la libertad significa algo será, sobre todo, el derecho a decirle a la gente aquello que no quiere oír", que exactamente lo que Emilio hace en sus trabajo periodístico. Recorre la historia del abuso, de la ignorancia y del ridículo populista y dictatorial de Evo Morales, su gobierno y sus amigos en propuestas como la "Crítica de la razón populista", "Censura cultural del evismo", "intelectuales críticos y claudicantes" y otros , y llega a Vargas Llosa cuya anunciada llegada a Bolivia y posterior presencia prácticamente enloqueció al dictador cocalero y su gobierno., al que Emilio Martínez pone en evidencia con "Vargas Llosa contra el delirio mesiánico", La tía julia y el cocalero" y "Un Nobel en el Estado Plurinacional"

Buena literatura, buen periodismo, precisión en los datos, veracidad en el análisis y valentía en los trabajos, son algunas de las características del contenido de esta obra que constituye sin duda una de las mas importantes en la lucha —desde Bolivia— por la libertad de los pueblos latinoamericanos.

Agosto 15 de 2015

Prefacio

La cuestión de la libertad es consustancial al oficio de la escritura, toda vez que es la condición de posibilidad de la literatura misma. Sin embargo, el rol crítico del escritor hacia el Poder ha sucumbido muchas veces a la claudicación, en función de ideologías autoritarias o de privilegios.

En los siguientes apuntes repaso varios casos, tanto de coraje civil en defensa de la democracia como de tentación por la omnipotencia de un Estado revolucionario.

He datado los artículos para ayudar a contextualizarlos, aunque he prescindido del ordenamiento cronológico, prefiriendo la asociación conceptual entre los mismos.

La mitad de estas notas hacen referencia a la situación de Bolivia bajo el régimen de Evo Morales, mientras que en la otra parte se ensaya una crítica más general del populismo y de las corrientes totalitarias.

–E.M.C.

Orwell y la libertad
de expresión

7 de junio de 2013

No conozco mejor definición de la libertad de expresión que aquella enunciada por el novelista británico Eric Blair, alias George Orwell, quien decía que "si la libertad significa algo será, sobre todo, el derecho a decirle a la gente aquello que no quiere oír".

Orwell practicó lo que predicaba y a lo largo de su vida les dijo lo que no querían oír a los partidarios del totalitarismo nazi y del estalinista por igual.

En su distopía 1984 describía un "Ministerio de la Verdad", nombre irónico que designaba a una oficina encargada de la manipulación y distorsión de los hechos históricos, entidad que bien podríamos imaginar funcionando en tiempos y espacios más cercanos.

La noción de la libertad de expresión como el derecho a decir lo que los demás no quieren oír me parece una verdadera piedra de toque, un termómetro para medir el talante democrático o autoritario de los jefes de Estado.

Los primeros son aquellos para los cuales la crítica forma parte de las reglas de juego normales y no se molestan por los cuestionamientos, e incluso los toman como aporte para la corrección de errores.

En el segundo grupo encontramos a los gobernantes que reaccionan con violencia frente a la disidencia, ya sea mediante la descalificación, las represalias o el intento de imponer distintos mecanismos de amordazamiento.

Por supuesto, la intolerancia hacia lo que no se quiere oír puede darse en muchos ámbitos de poder, pequeños o grandes, pero la historia nos enseña que son los Estados nacionales y sus gobiernos los que han representado la más seria amenaza hacia la libre expresión.

De ahí que la concepción de gobierno limitado sea la que mejor garantiza el ejercicio de esa y otras libertades fundamentales.

En tiempos en que vuelve a plantearse la expansión del Estado a costa de los derechos individuales, no está de más recordar estas realidades.

Decir lo que el poder no quiere oír es y será función esencial del intelectual, aunque nunca faltarán quienes claudiquen en función de privilegios y canonjías.

Habrá que persistir y prevalecer, aunque eso implique ser la voz que clama en el desierto, hasta que las sombras del liberticidio se disipen, como es su destino inexorable.

Inquisición literaria

18 de octubre de 2010

Desde que los asesores de Evo Morales bautizaron su gobierno como "Revolución Democrática y Cultural", sabíamos que el símil con la Revolución Cultural de Mao era algo más que un mero parecido gramatical. El (por ahora fallido) intento de control ideológico totalitario sobre los libros de la currícula escolar, protagonizado por el viceministro de descolonización, Félix Cárdenas, confirmó esas previsiones.

El funcionario anunció la eliminación de una serie de libros de la malla curricular educativa en todos los niveles: primario, secundario y superior. Se trataba nada menos que de textos clásicos de la literatura boliviana, como *Raza de Bronce* de Alcides Arguedas y *La niña de sus ojos* de Antonio Díaz Villamil.

¿La excusa? La aplicación de la Ley 045, supuestamente destinada a combatir el racismo según la versión gubernamental y considerada una "ley mordaza" por la gran mayoría de los periodistas. En la interpretación que el viceministro hacía de la norma, los libros mencionados y muchos otros debían ser purgados por ser ideológicamente incorrectos, debido a su presunto contenido "racista y colonial".

Un disparate mayúsculo, sobre todo teniendo en cuenta que *Raza de Bronce* es en realidad una denuncia sobre la trágica condición del pueblo aymara. Por supuesto que varios aspectos de la obra de Arguedas pueden y deben ser debatidos, sobre todo en las aulas, pero para eso hace falta, precisamente, que los textos sean leídos y comentados por los estudiantes.

Aspectos como, por ejemplo, su adscripción a la sociología positivista de la época, demasiado anclada en el materialismo geográfico y biológico, en contraposición con otras facetas de su pensamiento absolutamente vigentes en la Bolivia de hoy, como su crítica radical del caudillismo. ¡Triste destino el de Arguedas, abofeteado por un dictador militar y luego casi censurado por un régimen de fachada democrática!

Desde las quemas de la biblioteca de Alejandría por Roma y Omar, hasta las purgas de los clásicos del confucianismo en la China maoísta, pasando por las hogueras de Goebbels que devoraron obras de Sigmund Freud, Arthur Schnitzler y los hermanos Mann, la condena de libros es un síntoma evidente de autoritarismo e intolerancia.

Otro ensayo sobre la lucidez

16 de julio de 2011

A veces la vida imita al arte y las luchas reales por la libertad parecen irónicamente inspiradas por la ficción literaria.

Así pasó con el extraño paralelismo entre el *Ensayo sobre la lucidez* del portugués José Saramago y las elecciones judiciales bolivianas del 2010. Sucede que en esa novela, publicada en el 2004, se describe cómo en una ciudad sin nombre se desarrollan unos comicios donde la ciudadanía opta masivamente, ante una "democracia degenerada", por el voto en blanco.

Contra todo pronóstico, el voto protesta expresado en papeletas en blanco alcanza más del 70 por ciento, provocando la ira de las autoridades, que despliegan el aparato represivo del Estado en busca de los peligrosos "subversivos" culpables de inducir esa rebelión ciudadana (las tesis del poder se orientan a una conjura anarquista internacional o a grupos extremistas desconocidos).

Para "corregir" el problema el gobierno decide repetir la votación, tomando la precaución de desplegar agentes en los centros de votación para detectar la presencia sediciosa. Pero el remedio resulta peor que la enfermedad, ya que esta vez el voto en blanco llega al 83 por ciento.

En las páginas siguientes, Saramago muestra las medidas desesperadas del régimen para sostenerse, desde la declaratoria del estado de excepción y de sitio, hasta la salida del gobierno de la capital.

En los comicios judiciales de Bolivia, el pueblo también optó por la rebelión del voto nulo en protesta por una "democracia degenerada" o deformada, desmontando las trampas del poder, que incluyen el sometimiento de la justicia al Ejecutivo.

Crítica de la Razón Populista

13 de agosto de 2013

El filósofo argentino Ernesto Laclau fue uno de los ideólogos principales del socialismo del siglo XXI. En su libro *La Razón Populista* postuló la teoría "confrontacionista", afirmando que "el populismo garantiza la democracia" mediante el impulso de las divisiones sociales antagónicas.

Desde esta perspectiva, denominada posmarxista por Laclau, se dice que el populismo es necesario para la "construcción imaginaria de un nosotros", algo que, propone, debe hacerse siempre contra alguien.

"Una sociedad sin antagonismos es imposible", dice este pensador del neopopulismo. Lo cual es cierto, pero ante los antagonismos caben dos actitudes: exacerbarlos casi hasta el límite de la guerra civil (como ha sucedido en Venezuela y Bolivia en varios momentos de los últimos años) o buscar la manera de administrarlos de forma constructiva, tendiendo puentes en procura de una mayor cohesión social.

El ensayista mexicano Jesús Silva-Herzog Márquez ha dicho que "Para Laclau (…) las identidades no pueden brotar espontáneamente, sino que se confeccionan política, discursivamente. Siguiendo la línea de Carl Schmitt, sólo pueden construirse antagónicamente. (…) Es igual que sea la rabia antioligárquica o el racismo antiinmigrante. (…) El postmarxismo resulta a fin de cuentas neoschmittismo. Antiliberalismo con traje folclórico".

Por su parte, el francés Jean-Francois Revel señalaba con claridad meridiana que "Un grupo humano se transforma en multitud manipulable cuando se vuelve sensible al carisma y no a la competencia, a la imagen y no a la idea, a la afirmación y no a la prueba, a la repetición y no a la argumentación, a la sugestión y no al razonamiento".

Todo apunta a que, contrariamente a lo que pensaban ideólogos afines a la ALBA como Laclau, la política de polarización social y el neopopulismo degradan la calidad de la democracia, introduciendo nuevas formas autoritarias en el ejercicio del poder, por más que éste tenga orígenes electivos.

"Revolución Cultural"

14 de noviembre de 2011

Como para que no se olvide que el nombre completo del experimento político del evismo es "Revolución Democrática y Cultural", el Movimiento Al Socialismo ha movido sus fichas para copar una de las escasas instituciones públicas que aún no controlaba plenamente: el Archivo y Biblioteca Nacional de Bolivia (ABNB).

Se trata de una de las pocas entidades dependientes del Estado boliviano que goza de amplio prestigio internacional, habiendo recibido incluso el reconocimiento de la Unesco como "Memoria de la Humanidad" por su Fondo Documental de La Plata.

El mérito corresponde mayormente a sus últimos directores, Gunnar Mendoza y Marcela Inch. Precisamente, la segunda acaba de ser destituida de su cargo por la Fundación del Banco Central de Bolivia (FBCB), con una carta donde se señala que la decisión obedece a "factores externos" y a órdenes de "instancias superiores".

Para decirlo claramente: Inch es despedida por

instrucciones provenientes de la más altas esferas de gobierno, a raíz de una llamada telefónica del propio Evo Morales al presidente del BCB, Marcelo Zabalaga.

¿La razón? Sucede que la reconocida historiadora y archivista es madre de Horacio Poppe Inch, candidato opositor a la Alcaldía de Sucre.

Ante el riesgo de derrota en la capital constitucional, el régimen no habría tenido mejor idea que tomar represalias con Inch, con la probable intención de forzar el retiro de la candidatura del joven postulante.

Maniobra que al parecer podría convertirse en un verdadero boomerang electoral para el oficialismo, en vista de la ola de indignación levantada en Sucre por el asalto al Archivo y Biblioteca Nacional, así como por la canallada del golpe bajo familiar.

Respecto al ABNB, se teme que ahora se transforme en un nuevo botín político para el partido oficial, sobre todo teniendo en cuenta que en la Fundación del Banco Central de Bolivia fungen como delegados del Ejecutivo figuras obsecuentes como Oscar Vega, del grupo Comuna, y Néstor Taboada Terán, autor del libro *Tierra mártir: el socialismo de David Toro a Evo Morales*.

¿Cómo no recordar ante este atropello el sufrido, en otros tiempos y latitudes, por Jorge Luis Borges, destituido de su cargo de bibliotecario por un régimen igualmente autoritario, que intentó humillarlo designándolo "inspector de aves de corral"?

También hay quienes recuerdan que, durante el primer periodo de gobierno de Evo Morales, un Ministro de Educación propuso quemar todos los documentos de la época de la colonia, alegando que "sólo sirven para que los colonialistas reconstruyan la historia".

Por lo pronto, la repulsa al abuso está movilizando a los intelectuales de todo el país, incluyendo a la Sociedad Boliviana de Historia, que advierten sobre la politización que sufriría la institución de concretarse el copamiento.

Benedetti: retrato crítico

19 de mayo de 2009

Decía que "Entre la literatura y la revolución, la prioridad es la revolución" y que "Matar es un agrio deber revolucionario".

Fue uno de los fundadores y principales dirigentes del Movimiento 26 de Marzo, fachada legal del MLN-T (Movimiento de Liberación Nacional-Tupamaros), organización terrorista que asoló el Uruguay en plena democracia desde el año 1963, con asesinatos, secuestros y robos multimillonarios.

Estuvo entre los pocos intelectuales que defendieron a Fidel Castro cuando apresó al poeta Heberto Padilla y calló vergonzosamente ante los fusilamientos ordenados por el dictador cubano en el 2003.

Hablo, por supuesto, y aunque rompa muchos corazones ingenuos, de Mario Orlando Hamlet Hardy Brenno Benedetti Farugia, más conocido por su primer nombre y apellido. Caballero de sonrisa bonachona e ideas totalitarias, pero sobre todo un mal, muy mal poeta.

"Benedetti es un escritor para consumo de la superficialidad y los aficionados a los lugares comunes", ha dicho de manera tajante el colombiano Eduardo Escobar, un juicio que sólo puedo compartir y que de hecho comparten prestigiosos críticos y académicos del mundo entero.

Y es que si hubieron grandes escritores latinoamericanos que defendieron posturas políticas igual de abyectas, como el argentino Julio Cortázar o el también uruguayo Juan Carlos Onetti, éstos fueron creadores de una obra literaria única e innovadora, que supera ampliamente los deslices cometidos en el campo ideológico.

No puede decirse lo mismo de Benedetti.

Alberto Chimal lo encuentra "sospechoso de excesiva complacencia, de sentimentalismo, de simplismo. Y fue culpable con una frecuencia alarmante. Peor aún, su obra poética, que se fue recogiendo en ediciones sucesivas llamadas siempre *Inventario*, deja ver cada vez menos poesía a medida que pasan los años y cada vez más fórmulas, más lugares comunes, más prédicas a admiradores ya convencidos. El padre espiritual de sus poemas pudo haber sido, entre otros, Bertolt Brecht, pero tiene entre sus hijos a Ricardo Arjona y otros todavía peores".

Aún más contundente es Alber Vázquez, quien califica a su poesía de "pedante, odiosa, pueril, cargante, malograda, cansina y aburrevacas". El argentino dice que "Benedetti es un poeta de medio pelo al que una legión de indolentes con poca o nula experiencia lectora ha encumbrado más allá de todo lo razonable" y concluye definiéndolo como "probablemente, el peor poeta del mundo".

Su carrera literaria fue, durante años, una minuciosa colección de fracasos. En 1945 su primer libro, el poemario *La víspera indeleble*, no vendió ni un solo ejemplar. Tres años después, su segunda obra corrió la misma suerte. Benedetti pidió un préstamo tras otro para pagar las ediciones de su tercer, cuarto, quinto, sexto y séptimo libro entre 1949 y 1953, los mismos que fracasaron ostensiblemente. Recién en 1956, con *Poemas de la oficina*, consiguió vender la modesta suma de 500 ejemplares. Pero entonces, algo pasó en 1959. La revolución cubana. Y Benedetti encontró en el régimen castrista la inspiración necesaria, y la angustia existencial cedió espacio a las certezas políticas y la incertidumbre dejó lugar a odios concretos, como Estados Unidos y la burguesía.

De esos primeros tiempos revolucionarios datan el volumen de cuentos Montevideanos, el mismo año de la entrada de Castro y Guevara en La Habana, así como la novela *La tregua* (1960). Pero lo cierto es que la revolución cubana proveyó algo más que simple inspiración. A partir del alineamiento público de

Benedetti con la ortodoxia marxista-leninista y sobre todo desde 1967, cuando pasó a desempeñarse como funcionario del gobierno cubano dirigiendo el Centro de Investigaciones Literarias de Casa de las Américas, el aparato cultural-propagandístico de la isla lo catapultó a toda América Latina, retribuyendo su adhesión sin condiciones al nuevo sistema dictatorial.

Fidel Castro necesitaba intelectuales que le lavaran la cara a su gobierno en medios internacionales y Benedetti fue uno de los que mejor cumplió esa labor.

En 1968, por ejemplo, ante el alejamiento de la revolución del escritor cubano Guillermo Cabrera Infante, que optó por el camino del exilio, no dudó en descalificarlo diciendo que era "un gusano y no precisamente de seda".

Otro tanto hizo en 1971, cuando el régimen castrista encarceló al poeta Heberto Padilla acusándolo de contrarrevolucionario, para después obligarlo a firmar una carta de arrepentimiento. Un grupo de 61 intelectuales, entre los que se contaban Jean-Paul Sartre, Alberto Moravia, Carlos Fuentes y Mario Vargas Llosa, firmó una solicitada descreyendo de tal carta y denunciando a Castro por usar métodos de represión estalinistas. Benedetti, en cambio, publicó un artículo en defensa del régimen en el que afirmaba que entre la revolución y la literatura, había que escoger la primera.

Por la misma época, Benedetti se dedicó a fustigar a la democracia uruguaya, abonando el terreno para quienes buscaban derribarla a tiros: los tupamaros. "Se fue generando un clima favorable a la guerrilla, y en esa tarea Benedetti tuvo una influencia importante", explica el analista Hebert Gatto, estudioso de la ideología tupamara. Como parte de esa campaña, publicó en 1971 la novela *El cumpleaños de Juan Ángel*, un alegato en favor de la lucha armada. En la obra el protagonista va cumpliendo distintas edades a lo largo de 24 horas. Al final del libro, con 33 años conoce al líder guerrillero Marcos, que le explica que matar es un agrio deber, y abraza la revolución. El subcomandante Marcos, líder de la guerrilla zapatista, tomó su nombre de esta obra.

Pero el "compromiso" de Benedetti con la lucha armada no se restringió a la propaganda, sino que en 1971 asumió un rol más activo desde la dirección del Movimiento 26 de Marzo, el brazo político de los tupamaros, ejerciendo tareas clandestinas que incluyeron la de alojar en su departamento a Raúl Sendic, cabecilla de la banda.

A lo largo de sus años de actuación, los tupamaros demostraron una notable voracidad financiera. En sólo una semana atracaron 9 bancos, aunque el botín más sustancioso lo obtuvieron al robar dos casinos y la General Motors. No se sabe con exactitud cuántos miembros activos llegó a tener el MLN, pero las fuentes históricas manejan cifras que oscilan entre los 6.000 y 10.000 combatientes, que fueron derrotados por el Ejército en 1972, perdiendo lo que ellos llamaban la "guerra revolucionaria".

El proceso de quiebre institucional iniciado por los tupamaros una década atrás concluyó en 1973, aunque no de la forma esperada por ellos, con una revolución armada que culminara en el asalto al poder, ni con un golpe militar de izquierda, a la manera de Alvarado y Torres, como pretendía el Partido Comunista desde febrero de ese año. En vez de esto, el presidente Bordaberry disolvió el Parlamento e instauró un Consejo de Estado, cogobernando con las Fuerzas Armadas.

Entonces fue el turno de Benedetti de partir al exilio. Entre 1976 y 1980 recaló en Cuba, pero luego prefirió, como muchos otros de sus camaradas, probar las mieles del capitalismo europeo. En 1984, como columnista de El País de Madrid, Benedetti polemizó en defensa del gobierno de Castro con los escritores españoles Juan Goytisolo y José Ángel Valente, que lo acusaron de mentir descaradamente.

Otra polémica famosa fue la que sostuvo sobre el mismo tema con Mario Vargas Llosa, quien dijo que "para Benedetti, que un gobierno exilie, encarcele o mate a sus adversarios es menos grave si lo hace en nombre del socialismo".

En el 2003, un grupo numeroso de opositores a Castro fue condenado a penas de 25 años de cárcel y tres personas que habían intentado escapar de Cuba fueron ejecutadas. En ese momento, hasta un comunista de toda la vida como José Saramago sentó su protesta. Pero Benedetti callaba.

Mantuvo la postura intolerante hasta sus últimos años. Cuenta su secretario personal, Ariel Silva, que "si una revista se imprimía en Miami, entonces no le daba la entrevista". A un ex compañero de militancia que quiso hablar con él para explicarle por qué ya no adhería a la izquierda, se negó a recibirlo tildándolo de "traidor". Y hasta llegó a decir que la historia política del Uruguay previa al gobierno del Frente Amplio era de "174 años de gobiernos de derecha".

Hoy en día, el partido que él fundara, el Movimiento 26 de Marzo, es miembro del Congreso Boliviariano de los Pueblos, organización digitada por Venezuela, estrechamente vinculada al Foro de Sao Paulo y a la ALBA e integrada por el Movimiento Al Socialismo de Evo Morales, el MLN y todos los partidos comunistas latinoamericanos.

Mario Benedetti, por su parte, recibió la última distinción de su vida de manos del dictador venezolano Hugo Chávez, quien le otorgó la Condecoración Francisco de Miranda.

Recuerdo de Eliseo Alberto

22 de marzo de 2013

Hace ya 15 años desde nuestra charla con el escritor cubano Eliseo Alberto en el Hotel Portales de Cochabamba.

Pero recuerdo con claridad que el autor del *Informe contra mí mismo*, por entonces exiliado en México (la "tercera orilla", como le gustaba decir, siendo la isla y Miami las otras dos), me decía que una de las principales falencias del régimen castrista era la exclusión política de la amplia población negra, casi sin representación en los altos niveles de gobierno, con alguna solitaria excepción que confirma la regla.

Eliseo Alberto falleció en el 2011, pero quizás en sus últimos tiempos haya reparado en un fenómeno esperanzador: el surgimiento de nuevos líderes afrocubanos en la disidencia.

Es el caso de Guillermo Fariñas, honrado por la Unión Europea con el Premio Sajarov por su lucha destacada en defensa de los derechos humanos, quien ha pasado 11 años de su vida en las prisiones políticas.

Y también el de Berta Soler, líder de las Damas de Blanco, quien dice sin pelos en la lengua que Cuba "no necesita reformillas económicas, necesita libertad".

Son los vientos de cambio que anuncian el futuro, mientras el reloj biológico cuenta las horas finales de una gerontocracia autoritaria.

Censura cultural en el evismo

11 de noviembre de 2014

La censura literaria ya se le va haciendo costumbre al régimen. El caso más reciente de esta práctica autoritaria se dio durante el encuentro "Santa Cruz de las letras", donde un comisario ideológico del Ministerio de Culturas intentó impedir la conferencia *Cuba por dentro y por fuera*, de los escritores cubanos Wendy Guerra y William Navarrete.

Leyendo algunos escritos de Guerra, con afirmaciones tan heréticas como "Hay vida después de Fidel", queda claro lo que molestaba y preocupaba a los censores evistas.

El burócrata cultural encargado de bloquear la ponencia, Homero Carvalho, alegó que la conferencia "se salía de lo literario" y "podría haber generado molestias o confusión entre los asistentes, porque tocaba temas netamente políticos".

"Quizás el error fue nuestro, al permitir que se incluya en el programa esta conferencia", añadió el funcionario. Es decir, que la equivocación fue proceder a la censura a posteriori en vez ejercer la censura previa.

El incidente se suma a varios anteriores, como el intento del viceministro de descolonización, Félix Cárdenas, de expurgar de la currícula escolar a clásicos bolivianos como Alcides Arguedas y Antonio Díaz Villamil.

O a la censura del libro *Evadas*, del escritor Alfredo Rodríguez, cuya presentación fue vetada en el stand de Bolivia en la Feria Internacional del Libro de Chile, a raíz de la intervención de la entonces ministra de culturas Elizabeth Salguero.

Intelectuales críticos
y claudicantes

14 de noviembre de 2014

La relación de los intelectuales con el poder político, sobre todo tratándose de uno de naturaleza autoritaria, ha sido siempre compleja y variable. Hay quienes, como el británico George Orwell, se enfrentaron con coherencia e idéntico valor al fascismo y al estalinismo.

Y hay, en el reverso de la medalla, demasiados intelectuales que claudicaron de su función crítica en razón de rentas y cuotas de poder, erigiéndose no solo en propagandistas de nefastos regímenes sino también, en muchos casos, en comisarios ideológicos y en censores de sus colegas.

A simple vista podría parecer que hablamos de realidades ya distantes en el tiempo, como las inquisiciones literarias de la Alemania nazi o de la Unión Soviética, pero la realidad es que esa vieja historia estaría repitiéndose una vez más, a escala, en la Bolivia de Evo Morales.

Así lo indica la censura lamentable de la que fueron objeto dos jóvenes escritores cubanos en Santa Cruz, por el solo hecho de no ser afectos a la dictadura de su país y por pretender hablar sobre el tema, lo que según el escritor devenido en funcionario y censor Homero Carvalho "podía molestar a los asistentes".

Mencionábamos arriba a Orwell y es bueno citarlo cuando decía que "Si la libertad significa algo será, sobre todo, el derecho a decirle a la gente aquello que no quiere oír". Por lo tanto, alegar que una conferencia molestará a alguien por su tema y presionar para cancelarla es, viniendo de un representante estatal, un claro acto de censura.

Es triste que las instructivas gubernamentales que buscan restringir la libre expresión tengan cómplices entre los intelectuales claudicantes, aquellos que, al decir bíblico del académico Marco Antonio del Río, "cambian su derecho de primogenitura por un miserable plato de lentejas"...

Respuesta a James Petras

4 de enero de 2010

El sociólogo James Petras, una de las figuras emblemáticas del marxismo en los Estados Unidos, acaba de dedicarme varios pasajes de su último libro, *Espejismos de la izquierda en América Latina* (Lumen, 2009), escrito en colaboración con Henry Veltmeyer.

El capítulo consagrado a Bolivia abreva de manera frecuente en las páginas de *Ciudadano X: la historia secreta del evismo* (El País, 2008), para exponer de manera polémica lo que Petras considera las posturas de "un ideólogo derechista pero bien educado e informado de la reacción en Santa Cruz" (sic), interpretación que merece algunas líneas de respuesta.

Es interesante analizar los errores en los que cae James Petras al tratar de ajustar las complejidades de la realidad social a una estrecha visión de lucha de clases.

Tal vez el eje de disenso principal entre nuestros enfoques se encuentre en el papel desempeñado por ciertas redes de ONGs en el nacimiento y desarrollo del proyecto político que he denominado evismo.

Para Petras, los movimientos sociales son actores genuinos, surgidos espontáneamente de la realidad económica, mientras que las ONGs serían estructuras capitalistas o imperialistas que buscan contener y cooptar a estos movimientos, reduciendo su "fervor revolucionario" y llevándolos lentamente al fracaso.

Por mi parte, considero que existe una copiosa evidencia sobre el modo en que muchas ONGs han trabajado en la creación misma de estos movimientos sociales, surgidos en varios casos de sus seminarios y talleres, entrenados durante años con metodologías organizacionales importadas desde Europa o transferidas entre países latinoamericanos a medida que se han ido cosechando éxitos en la materia.

Es decir, que la ligazón entre ONGs y movimientos sociales sería genética y no simplemente adquirida. Esta variante de ingeniería social es parte de una estrategia de reciclaje político, nacida a raíz de la caída del viejo bloque comunista y de la clausura de la vía leninista para la toma del poder.

Ante ese agotamiento, la izquierda radical buscó sendas alternativas incorporando elementos del pensamiento neomarxista, sustituyendo el tradicional papel del proletariado como "sujeto de la revolución" por formaciones mucho más laxas denominadas, precisamente, movimientos sociales.

Ya no era posible el asalto directo al poder, pero los movimientos sociales (que había que encontrar o de ser preciso crear) podían ser un instrumento eficaz para socavar la democracia liberal desde adentro y apuntar a la construcción de una nueva hegemonía política. En definitiva, una técnica de desestabilización social complementaria a las tácticas gramscianas de copamiento del poder cultural.

Como los hábitos son difíciles de superar, las viejas prácticas leninistas reaparecieron bajo nuevos ropajes y las ONGs formadas por la izquierda radical asumieron el papel de "vanguardia revolucionaria", terminando por ser a los movimientos sociales lo que el antiguo partido era al proletariado: una clase burocrática que impone su propio sistema de dominación.

En el caso de Bolivia, la formación de esta nueva capa burocrática se hace evidente en la estructura del gabinete ministerial, donde las mayores cuotas de poder recaen en representantes surgidos del entramado ONG, mientras que los dirigentes de los movimientos sociales han tenido que contentarse con porciones secundarias cuando no claramente irrelevantes.

H.C.F. Mansilla y los rituales de la premodernidad

3 de marzo de 2014

En un café del centro cruceño tuve el placer de reunirme con Hugo Celso Felipe Mansilla, más conocido como "HCF", filósofo irónico y mayéutico, como le hice notar en algún tramo de nuestra conversación.

Mansilla acababa de dictar una serie de conferencias en Santa Cruz de la Sierra, organizadas por valiosos agitadores congregados en el Colegio Abierto de Filosofía y en el grupo Estudiantes por la Libertad.

En el diálogo que sostuvimos repasamos algunos de los tópicos vertidos por H.C.F. en sus disertaciones, en los breves intersticios entre sus interrogaciones socráticas sobre las -anecdóticas- presiones del gobierno de Evo Morales tras la publicación de mi *Ciudadano X*.

La lúcida (y lúdica) visión de Mansilla pone en evidencia que mucho de lo presentado bajo el rótulo del progresismo no es otra cosa que vino viejo en odres nuevos: el persistente reciclaje de los rituales de la premodernidad.

Como ya señalara en su libro *El carácter conservador de la nación boliviana*, la repetición mecánica y acrítica de ciertas formas sociales, vinculadas a la tradición burocrática y estatista (necesariamente conducentes a la corrupción), constituye el núcleo de la problemática nacional.

Coincidimos en que el actual régimen neo-populista no representa ruptura histórica alguna, sino más bien la consumación ("putrefacción") de un proceso degenerativo comenzado mucho tiempo atrás, inducido por las tendencias antes indicadas.

De igual manera, hablamos sobre el colaboracionismo de una importante facción del empresariado cruceño con el evismo, postura pragmática asumida tanto bajo las persecuciones del artificioso caso Rozsa como por las mieles mercantilistas de los negocios con el sector público.

De ahí la necesidad de articular a la incipiente intelectualidad liberal de Santa Cruz con la burguesía menos dependiente hacia el capitalismo de Estado.

Ya hacia el final de nuestra entrevista, mientras lo acompañaba a las puertas de la Alianza Francesa, Mansilla no desaprobó (podría decir que se divirtió con) mi tesis sobre la posible raíz de las mentalidades de izquierda y derecha en los conceptos de lo dionisíaco y lo apolíneo, manejados por Nietzsche en *El origen de la tragedia*: la inclinación hacia la masa o la muchedumbre en el primer caso, contra la reafirmación de lo individual…

García Márquez:
entre el realismo mágico
y el despotismo ilustrado

18 de abril de 2014

Tras el fallecimiento de Gabriel García Márquez se impone un balance de su legado, donde debemos distinguir el aspecto propiamente estético-literario del ético-político.

En el primero, fue un referente ineludible de las letras latinoamericanas, en especial por su visión enmarcada en el denominado *realismo mágico*, que no es otra cosa que el registro creativo de una realidad ya de por sí desaforada de nuestro continente.

En el segundo aspecto, García Márquez ha encarnado, por su estrecha relación con el dictador Fidel Castro, la vieja tentación intelectual del *despotismo ilustrado*: la idea errónea de que el tirano puede ser conducido y domesticado por el filósofo o el literato.

Tentación que acabó mal en los casos de Platón en Siracusa, de Voltaire con Federico el Grande y en todos los demás intentos habidos y por haber.

Galeano o el fracaso del tercermundismo

14 de abril de 2015

Es curioso que las dos muertes registradas ayer en el mundo literario hayan sido las de Günter Grass y Eduardo Galeano. El denominador común entre ambos es el arrepentimiento: en el caso de Grass, por haber formado parte de las Waffen SS en su remota juventud, y en el de Galeano por engañar a varias generaciones de latinoamericanos, muchos de los cuales dieron su vida o tomaron las de otros confundidos por una visión ideológica esencialmente errónea, en buena medida propagada por *Las venas abiertas de América Latina*, la obra capital del escritor uruguayo. La diferencia entre los dos autores es la calidad literaria, mucho más evidente en el trabajo del escritor germano, lo que le valió el Premio Nobel.

Volviendo a Galeano, probablemente no exista mejor disección de su obra que la incluida en el capítulo titulado *La biblia del idiota*, dentro del libro colectivo escrito por Carlos Alberto Montaner, Álvaro Vargas Llosa y Plinio Apuleyo Mendoza: hablamos del ya clásico e imprescindible *Manual del perfecto idiota latinoamericano*, magistral ensayo que debería ser de lectura obligatoria en todas las escuelas del continente (en cuyo caso se convertiría en el más eficaz antídoto contra el populismo).

Allí se desmonta con precisión la posición implícita en las páginas de Galeano, un victimismo "anticolonial" que alentó desde la refutadísima teoría de la dependencia hasta las violencias de varias guerrillas, alzadas no solo contra algunos regímenes militares sino también contra múltiples democracias.

Hace casi un año exacto vino el arrepentimiento, cuando un Galeano cansado confesó que no volvería a leer *Las venas abiertas*, calificándolas de "pesadísimas" y reconociendo que las escribió cuando "no tenía conocimientos de economía y política".

Ojalá que el mea culpa tenga algo de la influencia que tuvieron sus nefastas páginas…

Sergio Ramírez,
constituciones y caudillos

7 de junio de 2015

El escritor nicaragüense Sergio Ramírez estuvo en la Feria Internacional del Libro de Santa Cruz, donde entre otras cosas hizo una saludable crítica del caudillismo latinoamericano, al tiempo de anunciar la próxima crisis terminal de ese modelo político.

No era la primera vez que Ramírez pisaba tierra boliviana. En 1998 participó en un encuentro internacional de escritores organizado por el Centro Patiño de Cochabamba, oportunidad en la que conversé con él largamente en el Hotel Portales, diálogo que en su momento publiqué en formato de entrevista.

En aquella ocasión también aludió al fenómeno citado, contraponiendo esa cruda realidad a la idílica ficción pintada por muchos textos constitucionales de la región:

Si alguien leyera en el siglo XXIII las constituciones que teníamos bajo las peores dictaduras, pensaría que aquí estábamos en la Arcadia, porque todas las regulaciones de la realidad humana eran perfectas. Pero, muy por el contrario, la realidad ha sido la de los caudillos.

Una reflexión plenamente vigente cuando vemos la proliferación de constituciones ficcionales como las promulgadas en Venezuela, Bolivia y Ecuador bajo regímenes crecientemente autoritarios.

Hablamos también sobre la función mistificadora que a veces puede cumplir la novela, momento en el que Ramírez citó la distorsión de hechos históricos operada por Gabriel García Márquez en su obra canónica, con datos superlativos que al final quedaron consignados como versión oficial de lo sucedido:

Hablando con Gabriel García Márquez, él me decía que el alcalde de La Ciénaga, de Aracataca, había pronunciado un discurso donde cayeron las 3.000 víctimas de la represión bananera del Ejército. Y resulta que esas 3.000 víctimas son inventadas en ´Cien años de soledad´, nunca existieron. Tal vez fueron 30, pero 3.000 no fueron nunca: físicamente, en esa placita de Aracataca no caben 3.000 personas.

Otro de los ejes de la conversación giró sobre la invención de tópicos latinoamericanos al gusto de las élites académicas europeas, como en el caso de ciertos indigenismos o del realismo mágico:

> Como si se tratara de un juego de espejos, muchas veces nos hemos visto en lo que piensa Francia acerca de nosotros, el mismo nombre de América Latina es una creación francesa, que nos ayuda mucho a definirnos. Pero cuando Miguel Ángel Asturias escribe las ´Leyendas de Guatemala´, es porque quiere pagarle al gusto francés como quiere ver a Guatemala o a América Latina. Decía algo muy inteligente Carlos Monsiváis, que Asturias había descubierto al indio guatemalteco por el camino equivocado, buscando satisfacer al gusto francés y en ´Hombre de Maíz´ había dado en el clavo. Construyó un indio mítico pero buscando cómo verse en el espejo francés.
>
> Creo que el realismo mágico fue una gran invención francesa; Alejo Carpentier puso el espejo del Caribe para que los franceses vieran lo que querían ver, pero esto del realismo mágico también es resultado de ciertas categorías de la realidad de América Latina: el divorcio que hay, por ejemplo, entre proclama y realidad. Las nuestras son sociedades rurales pero con empaque de sociedades urbanas.

La historia personal de Sergio Ramírez es la de una sincera conversión, desde la izquierda revolucionaria a una ilustración democrática. Vicepresidente de Nicaragua durante la revolución sandinista, fue no obstante en ese periodo una voz moderada dentro del régimen conducido por Daniel Ortega, con quien terminó rompiendo definitivamente años más tarde.

A raíz de sus críticas al hegemonismo de Ortega en su gobierno actual, Ramírez fue objeto de la censura literaria del régimen neo-sandinista.

La teoría prohibida de Bajtín

1 de marzo de 2014

En 1929, el crítico ruso Mijaíl Bajtín publicó un estudio sobre Dostoievski en el que cuestionaba el origen épico de la novela, mostrando que en realidad ésta derivaría de los 'géneros paródicos y carnavalescos', que instalan el dialoguismo o pluralidad de voces dentro del texto como principio estructurador.

Un segundo estudio de Bajtín (prohibido por la dictadura soviética hasta 1963, tal vez por violar la ortodoxia del *realismo socialista*) amplió esta teoría que ponía en entredicho las jerarquías establecidas por la academia y rescataba los géneros considerados marginales. Dedicado a Rabelais, el ensayo mostraba las relaciones profundas entre el carnaval y el polifonismo narrativo.

Siguiendo esa pista, podemos encontrar varias pruebas del vínculo entre las literaturas satíricas y el carnaval, entendido no tanto como tema sino como procedimiento literario, basado en la inversión de los valores consagrados y en la parodia desacralizadora de los modelos convencionales.

Es el caso de la poesía burlesca de trovadores como Francois Villon, de la picaresca española del Siglo de Oro y, muy especialmente, de Cervantes, cuyo Quijote no es otra cosa que una monumental parodia o carnavalización de las novelas de caballería.

En el siglo XX, la carnavalización tiene un nuevo impulso con la liquidación de los imperios coloniales, lo que conlleva el progresivo desmontaje del eurocentrismo y la apertura a nuevas concepciones de la historia literaria.

Por las mismas fechas en que Bajtín analizaba a Rabelais, varios escritores brasileños congregados bajo el rótulo del Modernismo y encabezados por los hermanos Oswald y Mario de Andrade desarrollaron la teoría de la antropofagia, basada en una asimilación paródica de las culturas metropolitanas. A través de manifiestos, novelas, ensayos y poemas, teorizaron y practicaron una deconstrucción radical de los modelos literarios europeos.

El proceso de carnavalización, antropofagia y parodia habría de acentuarse en la literatura de América Latina. El crítico Emir Rodríguez Monegal afirma que la obra de Vicente Huidobro y de Octavio Paz "contiene la semilla de una deconstrucción de los grandes modelos líricos".

Un precedente posible aunque involuntario sería Rubén Darío, cuyas *Prosas profanas* pueden leerse como una desentronización kitsch de la cultura decimonónica del Viejo Mundo.

En cambio, la obra de Jorge Luis Borges es un ejemplo de parodia y desacralización ejercidas con plena conciencia. Según Monegal, "lejos de ser un europeísta que repite fórmulas consagradas en la metrópoli, Borges es el bárbaro que 'antropofagiza' la cultura occidental. Sus lecturas de Dante o Cervantes construyen homenajes irrisorios, a través de los cuales lo que se exalta es precisamente lo contrario de lo que la crítica académica lee en aquellos clásicos. Es su irreverencia, su monstruosidad, lo que los textos de Borges ponen a la vista".

Las huellas de la carnavalización, la antropofagia y la parodia también pueden encontrarse en el barroquismo delirante de Lezama Lima, en su renuncia al sentido lógico y en su apuesta a la deconstrucción metafórica. Más recientemente, ciertas obras de Roberto Bolaño parecen adscribirse a operaciones satíricas similares, mostrando la fertilidad de ese camino emprendido por las letras latinoamericanas.

Utopía, distopía y ucronía

5 de junio de 2015

*Ponencia leída en el I Encuentro de ciencia fic-
ción y literatura fantástica, Feria Internacional
del Libro de Santa Cruz*

INTRODUCCIÓN

En contra de la opinión corriente, que supone el
origen de la ciencia ficción en autores como Verne
y Wells, y en los folletines de los años treinta, la costumbre de imaginar ingenios artificiales que sirvan
de condimento o de columna vertebral para el relato
hunde sus raíces en la noche de los tiempos.

Baste recordar al gigante mecánico Talos, guardián
de la isla de Creta; a los pájaros metálicos que fueran
nodrizas de Ares o a aquellos toros de bronce que Jasón
unció al arado, según nos cuenta la mitología griega.

O, por qué no, a aquel barquero de cobre con una
lámina en el pecho que en *Las mil y una noches* resca-
tó y abandonó al tercer mendigo del rey.

Esta tradición incluye a la *Historia verdadera* de Luciano de Samosata, a las imaginaciones lunares de Ludovico Ariosto, al *Somnium Astronomicum* de Kepler y a las *Noches Áticas* de Aulio Gelio, donde se habla de una paloma de madera que andaba por el aire.

Ray Bradbury distinguía entre ciencia de ficción "dura" y "blanda". La primera sería aquella que se ocupa de una descripción profusa de aparatos y que se explaya en la causalidad de los fenómenos científicos citados, y donde esto parece ser la prioridad en la narración.

En la segunda, en cambio, la máquina y la ciencia son excusas para contar, quizás recordando que, como decía Borges, toda literatura es simbólica.

Una definición sofística ha intentado encasillar a la ficción científica como "literatura de evasión". Nada más alejado de la verdad.

Sucede que en la mejor literatura de imaginación, la construcción de mundos ficticios, de utopías, distopías y ucronías, se transforma en manos del autor en instrumento de crítica y disección de otros mundos mucho más cercanos y concretos.

Como si se tratara de un espejo mágico, que muestra lo que las apariencias ocultan, el libro es una ficción menor que oficia de trampa para que otra ficción mayor, la realidad, revele el arte de su engaño.

UTOPÍA

Etimológicamente, la palabra Utopía significa "en ningún lugar" y fue acuñada por el inglés Thomas More como título de su obra homónima, de 1516.

Utopía es una isla habitada por una imaginaria sociedad, que More quiere mostrar como perfecta, con una organización política, económica y cultural contrapuesta a la sociedad inglesa de su época. Era claro el propósito de crítica implícita a la situación imperante en su tiempo, con referencias a abusos cometidos en el mundo rural: la ciudad principal de Utopía se llama Amauroto (del griego, sin muros), regada por el río Anhidro (sin agua) y regida por el magistrado Ademo (sin pueblo).

Moro se sirve de las crónicas del navegante ficticio Rafael Hythloday, quien habría seguido en sus exploraciones una ruta divergente a la señalada por Vespuccio, descubriendo civilizaciones distintas a las del continente americano.

Describe como perfecto al Estado de Utopía, una sociedad completamente cerrada y con comunidad de bienes, con 54 ciudades-estado, todas con la misma forma y extensión.

Esta uniformidad se extiende a todos los aspectos de la vida social: todas las casas son iguales y los ciudadanos tienen que cambiar de morada por sorteo cada tantos años.

Cada año, la mitad de la población de la ciudad va a trabajar al campo y la mitad de los habitantes del área rural van a la ciudad, un experimento que habría agradado a Pol Pot en Camboya.

El sistema político es piramidal e indirecto, con grupos de 30 familias que eligen a ancianos o sifograntes, los que a su vez designan a otros representantes de mayor jerarquía, conformando una élite que elige a un príncipe vitalicio.

Las consultas sobre el estado de la república hechas fuera del Senado son castigadas con la pena de muerte, para evitar conspiraciones.

Como se ve, lo que para Thomas More puede haber sido un sueño podría fácilmente convertirse en una pesadilla totalitaria, rasgo común que encontraremos en muchas utopías.

Por los mismos años surgen otros textos utópicos, como el que presenta Rabelais en su *Gargantúa y Pantagruel* (1532), describiendo la comunidad ideal de Telema, una sátira de la vida monástica.

Ya en el siglo XVII tenemos a *La ciudad del sol*, de Tommaso Campanella, y *La Nueva Atlántida*, de Francis Bacon. Esta última incluye la descripción de avances científicos y tecnológicos, que la acercan mucho más al universo de la ciencia ficción.

Sin embargo, el género utópico sería en realidad más antiguo, teniendo como precedente la protoutopía planteada por Platón en *La República*, donde describe lo que entiende como el Estado ideal.

La República platónica está conformada por tres estratos sociales: los gobernantes o filósofos, los guardias y los productores. Los gobernantes dirigen el Estado, los guardias se encargan de la protección y defensa, y los productores abastecen todos los bienes materiales.

La comunidad de bienes rige en los estratos superiores, así como la uniformidad obligatoria, con un rasgo sintomático: los poetas están proscritos de la República, considerados peligrosos elementos revulsivos.

Ya en el siglo XX, el filósofo austríaco Karl Popper hace una disección crítica devastadora del sistema político platónico, en su libro *La sociedad abierta y sus enemigos*, donde muestra la naturaleza totalitaria del modelo social propuesto por el pensador ateniense.

El control absoluto, la uniformidad forzada y la sociedad cerrada, autárquica, son algunas de las características cuestionadas por Popper.

Otro caso de construcción de sociedades imaginarias, supuestamente perfectas, aparece en el siglo XIX con el socialismo utópico, con personajes como el conde de Saint-Simon, Charles Fourier y Robert Owen.

Fourier planteó comunidades autosuficientes -una vez más la sociedad cerrada-, llamadas falansterios. Por la extravagancia de sus propuestas y descripciones, Fourier fue considerado por el movimiento surrealista como uno de sus predecesores.

Vemos, desde Platón en adelante, que el pensamiento utópico ha estado ceñido mayormente a una pretensión de planificar cada aspecto de la vida, lo que hoy llamaríamos *ingeniería social.*

Es la tentación del despotismo ilustrado, peligro siempre presente para el intelectual.

La excepción que confirma la regla tal vez sea el libro de Robert Nozick *Anarquía, estado y utopía,* de 1974, donde propone un utópico Estado ultra-mínimo donde se maximizan las libertades individuales.

DISTOPÍA

Si, como vimos, el potencial crítico del pensamiento utópico, como herramienta de cuestionamiento a las sociedades reales, naufraga por el carácter autoritario de las alternativas planteadas, vamos a ver reaparecer con mucha mayor eficacia esa potencia crítica en otro sub-género de la literatura de imaginación: la distopía o antiutopía.

"Mal lugar" sería la etimología aproximada del término, que fue utilizado por primera vez en el siglo

XIX por John Stuart Mill, quien también empleaba el sinónimo creado por Jeremy Bentham de cacotopía.

Pero es en el siglo XX que surgirán las grandes novelas distópicas, en las cuales, según la Real Academia Española, se da la "representación imaginaria de una sociedad futura con características negativas que son las causantes de alienación moral".

El libro pionero es la novela Nosotros, del ruso Yevgueni Zamiatin, inicialmente bolchevique y luego exiliado de la dictadura soviética. Su obra maestra se publicó en Londres en 1924 y estuvo prohibida en la URSS hasta 1988.

Nosotros influyó decisivamente sobre George Orwell y Aldous Huxley, que declararon su admiración por la novela de Zamiatin.

En *Nosotros* se describe una sociedad futura opresiva, donde una clase dirigente hegemónica tiene total control sobre la población y donde se reprime no solo a los disidentes, sino a los que pudieran llegar a serlo.

En la sociedad perfectamente opresiva de *Nosotros* los edificios son transparentes, los sueños son considerados una enfermedad y se otorga a los ciudadanos un horario para cumplir, incluso para mantener relaciones sexuales.

Zamiatin aludía al experimento soviético, aunque también al incipiente fascismo mussoliniano.

A diferencia de la etapa de la literatura utópica, donde los borradores totalitarios estaban en los libros de los reformadores, en la época de la novelística distópica los sistemas totalitarios ya son una lacerante realidad, y estas obras van a servir para desentrañar sus mecanismos de dominación y anulación de la individualidad.

A *Nosotros* van a seguir los trabajos de los tres grandes de la distopía: 1984 de Orwell, *Un mundo feliz* de Aldous Huxley y *Fahrenheit 451* de Ray Bradbury.

George Orwell, nombre de pluma de Eric Blair, fue parte de las Brigadas Internacionales que lucharon contra el fascismo en la guerra civil de España, de donde salió a duras penas habiendo sido víctima de la represión estalinista al interior del bando republicano.

Probablemente esta experiencia, así como el antecedente de Zamiatin, confluyeron en la escritura de 1984, donde plasma una sociedad futurista dominada en todos sus aspectos por el Partido, encabezado por el omnipresente Gran Hermano, que podría ser tanto Stalin como Hitler, Mussolini o una mezcla de los tres.

El título de la novela sería una inversión del año en que fue escrita, 1948.

Orwell describe un mundo futuro dividido en tres grandes potencias: Oceanía, donde impera el Ingsoc o "socialismo inglés", que comprende al Reino Unido, Irlanda, América, Australia, Nueva Zelanda y Sudáfrica. Eurasia, gobernada por el neobolchevismo, que comprende a la Unión Soviética y Europa continental. Y Estasia, donde impera la "adoración de la muerte" o "desaparición del yo", comprendiendo a China, Japón y Corea.

La acción transcurre en la Franja Aérea 1 -ex Reino Unido- de Oceanía, donde la policía del pensamiento se encarga de mantener la uniformidad absoluta, la obediencia al Gran Hermano y, de paso, reescribe la historia según los intereses cambiantes del Partido.

Impera la neolengua, un idioma reformado y deformado por el poder, que invierte la realidad de manera perversa.

El gobierno incluye el Ministerio del Amor (en neolengua Minimor), que administra los castigos, la tortura y la "reeducación"; el Ministerio de la Paz (Minipax), encargado de la guerra permanente; el Ministerio de la Abundancia (Minidancia), a cargo del racionamiento a una población que vive siempre al borde de la subsistencia; y el Ministerio de la Verdad (Miniver), que manipula documentos históricos.

La siguiente gran novela distópica será *Un mundo feliz* de Aldous Huxley. Cronológicamente anterior a la de Orwell (fue publicado en 1932), el libro describe una sociedad basada en la genética, la eugenesia y las tecnologías reproductivas.

Los dos mil millones de habitantes del estado mundial están divididos en cinco castas. La sociedad es controlada por los alfas y sus inmediatos subordinados, los betas. Abajo, en orden descendente están los gammas, deltas y epsilones.

Se utiliza la hipnopedia, con drogas psicotrópicas para manipular emociones y conseguir una sociedad conformista.

La humanidad es "feliz" pero han desaparecido la diversidad cultural, el arte, el avance de la ciencia, la literatura, la familia, la religión y la filosofía.

Los nombres de los personajes principales, la ciudadana perfecta Lenina y el inadaptado Bernard Marx, nos dan una pauta de las alusiones que tenía en mente Aldous Huxley.

Fahrenheit 451, del norteamericano Ray Bradbury, completa la trilogía de las grandes novelas distópicas.

Publicada en 1953, el título alude a la temperatura en la escala de Fahrenheit en la que el papel de los libros se inflama y arde, equivalente a 232.8 grados centígrados.

En la sociedad imaginada por Bradbury los bomberos tienen la misión de quemar libros, ya que, según las autoridades, leer impide ser felices y los hombres empiezan a diferenciarse cuando deben ser iguales.

El personaje central del libro, Guy Montag, es un bombero que termina comprendiendo lo abyecto de su trabajo y escapa al bosque, donde encuentra a los "hombres libro", cada uno de los cuales ha memorizado un libro completo para transmitirlo oralmente.

Existen muchos ejemplos más de literatura distópica, entre los que se puede mencionar a La pianola de Kurt Vonnegut, publicado en 1952 y que habla de la automatización de la sociedad, gobernada por los ingenieros y donde los hombres han quedado rezagados por las máquinas.

Los desposeídos de Ursula K. Le Guin, publicado en 1974, que describe un mundo anarquista llamado Anarres en oposición al mundo opresivo de Urras.

También la trilogía de J. G. Ballard de *El mundo sumergido* (1962), *La sequía* (1964) y *El mundo de cristal* (1966), que aborda hipotéticas catástrofes ecológicas creadas por el abuso tecnológico y ambiental.

Otro caso posible de distopía es el de Paul Auster con *El país de las últimas cosas* (1987), "una tierra en la que la búsqueda de la muerte ha reemplazado a los avatares y negocios de la vida: las clínicas de eutanasia y los clubes para el asesinato florecen, mientras que los atletas y corredores no se detienen hasta caer literalmente muertos de cansancio, y los saltadores se arrojan de los tejados".

UCRONÍA

Si Utopía significa "en ningún lugar", ucronía quiere decir "en ningún tiempo". Se trata de narraciones basadas en versiones alternativas de hechos históricos, lo que también se conoce como historia contrafactual.

El término fue empleado por primera vez por el filósofo francés Charles Renouvier, en el siglo XIX, en su obra *Ucronía: La utopía en la Historia*.

Renouvier imaginó el desarrollo de la civilización occidental si el cristianismo y el despotismo militar no hubiesen triunfado en el Imperio romano.

Pero se considera que la primera ucronía fue escrita por Tito Livio en uno de los capítulos de la Historia de Roma desde su fundación, donde relata una guerra imaginaria entre el imperio de Alejandro Magno y Roma en el siglo IV a. C.

El *aleph* de Wikipedia nos da una lista tentativa de ucronías: Trevelyan desarrollaba en 1907 las consecuencias de una victoria de Napoleón en Waterloo. Chesterton en 1931 especulaba sobre un hipotético matrimonio de don Juan de Austria con María de Escocia. André Maurois, en 1932, escribía sobre qué hubiera sucedido si Luis XVI hubiera tenido "un átomo de firmeza". Ese mismo año, Winston Churchill escribía sobre la creación de unos Estados Confederados de América. En 1934 Toynbee publicó una tesis contrafactual en la que los vikingos capturan Constantinopla en el siglo IX, dominan el mar Caspio y controlan, para el siglo XV, Europa, Norteamérica y el norte de Asia.

Uno de los temas desarrollados con mayor frecuencia en las ucronías es la descripción del mundo luego de un eventual triunfo de los nazis en la Segunda Guerra Mundial, punto donde la ucronía se toca estrechamente con la distopía.

Sucede así en *El hombre en el castillo*, de Philip K. Dick, y en Patria de Robert Harris. Esta última transcurre en 1964, con un III Reich victorioso que controla la Unión Europea y donde hay guerrillas rusas en los Urales apoyadas por Estados Unidos.

Otros temas empleados en las ucronías han sido la no extinción de los dinosaurios, la victoria de la Armada Invencible sobre Inglaterra, el triunfo de España sobre Estados Unidos en 1898 y la victoria de los republicanos en la guerra civil española.

El autor de *Lolita*, Vladimir Nabokov, también escribió su ucronía en la novela *Ada o el ardor* (1969), donde relata el romance incestuoso entre los hermanos Ada y Van en un mundo alterno llamado Antiterra o Demonia, a fines del siglo XIX y comienzos del XX, con un continente americano parcialmente conquistado por la Rusia zarista y donde la electricidad está prohibida.

Historiadores y cientistas sociales han cuestionado la "utilidad" de las ucronías o contrafactuales, a lo que se podría contestar que una utilidad posible es el aprendizaje sobre la causalidad de los hechos históricos, pero sobre todo, para quienes amamos la literatura, el placer y el juego lúdico de imaginar mundos alternos, con la tentación demiúrgica que esto conlleva, son justificación más que suficiente.

Borges: otro viaje a la semilla

22 de agosto de 2009

El 24 de agosto se cumplen 110 años del nacimiento de Jorge Luis Borges. Viene bien recordarlo y para eso tomo el artificio de Alejo Carpentier del *Viaje a la semilla*, a su vez tomado de un relato de F. Scott Fitzgerald: *El extraño caso de Benjamin Button*. En sí, un procedimiento cuasi borgeano.

Según esta cronología inversa o antibiográfica, la historia comienza en el cementerio de Plain Palais en Ginebra, Suiza, el 14 de junio de 1986, de donde el cuerpo de Jorge Luis Borges es trasladado a un departamento de la Grand Rue 28. Allí presenta los primeros signos vitales y comienza un notable proceso de desarrollo, aunque está completamente ciego. En un claro síntoma de lucidez, el 26 de abril Borges se divorcia de María Kodama mediante un poder dado a un juez de Paraguay.

Meses después, en diciembre de 1985, Borges viaja a Buenos Aires y publica su ópera prima: *Los conjurados*. La celebridad es instantánea. Kodama lo acompaña en carácter de secretaria privada. Borges cada vez se siente mejor y los síntomas de su enfermedad parecen estar cediendo.

En materia política apoya al radical Raúl Alfonsín, diciendo que "no es peronista, ni marxista, ni gángster". Viaja por Italia, España, Portugal y Marruecos y toca la piel de un tigre vivo, tema que más tarde le servirá de inspiración para varios poemas y cuentos.

Se manifiesta en contra de la guerra de Las Malvinas e incursiona por primera vez en el ensayo con el libro *Siete noches*, en base al cual dictará una serie de conferencias.

Junto a otros intelectuales firma una carta abierta cuestionando a la Junta Militar argentina. Gana el Premio Cervantes. En 1976 se rumorea que podría recibir el Premio Nobel de Literatura, cosa que no sucede, y meses después recibe la Gran Cruz de Bernardo O´Higgins de manos de Augusto Pinochet.

Sus posiciones ideológicas han cambiado desde los tiempos de la carta abierta y junto a Ernesto Sábato, otro de los firmantes del documento, participa de un almuerzo en la Casa de Gobierno con el general Videla. Se vincula al Partido Conservador y el gobierno militar es reemplazado por otro civil, encabezado por María Estela Martínez de Perón.

En 1975 María Kodama deja de asistirlo como secretaria privada. Borges publica *El libro de arena*, considerado una de sus más grandes creaciones. Ese mismo año su madre, Leonor Acevedo, se incorpora en su cama luego de una larga convalecencia y comienza a fortalecerse. Borges vivirá con ella en un departamento de la calle Maipú 900.

En 1973, con la salida del peronismo del gobierno, Borges accede a la dirección de la Biblioteca Nacional. En 1970 su nombre vuelve a ser mencionado como posible merecedor del Nobel, según una encuesta de Il Corriere Della Sera. Borges se siente más fuerte y algunas arrugas comienzan a borrarse de su frente. Se independiza de su madre y vive con Elsa Astete Millán, su segunda esposa, de quien se separa el 21 de septiembre de 1967.

En 1961 comparte con Samuel Beckett el Premio Formentor. Abandona el Partido Conservador. En diciembre de 1955 se aleja de la Academia Argentina de Letras y meses después debe dejar la dirección de la Biblioteca Nacional, cuando el gobierno de la Revolución Libertadora es desplazado por el régimen de Juan Domingo Perón.

Comienza a desarrollar la vista, en un largo proceso que él mismo define como "Un lento amanecer que duró más de medio siglo". Abandona el bastón que lo había acompañado durante años.

En 1951 publica *La muerte y la brújula*, en uno de cuyos cuentos hay una enigmática alusión a un intento de suicidio, que de alguna manera prefigura un hecho que habrá de suceder más tarde.

En 1949 publica *El Aleph*. Al año siguiente, su madre y su hermana Norah son encarceladas y luego participan en un acto antiperonista.

En 1946, luego de un brevísimo paso como "inspector de aves de corral", cargo con el que intentó humillarlo el gobierno de Perón, Borges comienza a cumplir funciones en la Biblioteca Municipal Miguel Cané. Apoya a la Unión Democrática, una alianza entre radicales, conservadores y socialistas que se opone al populismo peronista.

En 1944 publica *Ficciones* y en 1938 un paradójico accidente contribuirá a mejorar su capacidad visual: luego de una septicemia se golpea la cabeza contra una ventana. Ese año su padre, Jorge Guillermo Borges, se incorpora desde el lecho de muerte.

En una reseña de Der totale Krieg de Erich Ludendorff, escribe que "Fascismo y comunismo -nadie lo ignora- abominan por igual de la democracia". Deja su cargo en la Biblioteca Miguel Cané.

En 1936 intenta suicidarse en el Hotel Las Delicias de Adrogué. Se arrepiente a tiempo y viaja a Buenos Aires, donde vende su revólver. En 1935 publica su último libro de cuentos: *Historia universal de la infamia*. Desde entonces, Borges será esencialmente poeta.

Hacia 1933 parece volver a sus simpatías radicales de tiempos del alfonsinismo. Ese mismo año, el escritor francés Drieu La Rochelle dice que "Borges vale la pena el viaje" y luego visita Argentina.

En 1931 abandona el consejo de redacción de Sur y el 27 de mayo de 1929 comienza a colaborar en la revista nacionalista Libra, junto a Alfonso Reyes, Leopoldo Marechal y Francisco Luis Bernárdez. En 1924, un juvenil Borges se entrega a la vida bohemia, recorriendo las orillas y los barrios porteños.

Participa en el grupo literario Florida y colabora en la revistas Martín Fierro y Proa. Publica su último libro, *Fervor de Buenos Aires*, comentado por Ortega y Gasset en la Revista de Occidente.

Entre 1920 y 1919 frecuenta en Madrid la tertulia de Rafael Cansinos Asséns. En esa época escribe *Los ritmos rojos o Los salmos rojos*, poemas en homenaje a la Revolución Rusa que por fortuna nunca entrega a la imprenta. El 31 de diciembre de 1919 publica en la revista ultraísta Grecia su último poema: *Himno al mar*, escrito al estilo de Whitman.

Se establece en Ginebra y comienza a olvidar el latín, el francés y el alemán. En 1914 vuelve con su familia a Buenos Aires, donde su padre retoma el ejercicio de la abogacía y la enseñanza de la psicología. Por esos años, su padre le hablará por última vez de Baruch Spinoza y del anarquismo filosófico de Spencer.

El año 1908 es particularmente creativo para Borges, que traduce *El príncipe feliz* de Oscar Wilde y escribe sobre mitología griega.

Su estatura se reduce y su voz se vuelve más aguda. Durante los siguientes ocho años se recluye cada vez más en su casa paterna, donde lee y recita poesía junto a su hermana Norah.

Son años marcados por las conversaciones en inglés con su abuela Fanny Haslam. Pero ya se evidencia la declinación de las facultades mentales de Borges, ocaso que hacia 1900 lo lleva a la pérdida del habla y luego a una virtual inconsciencia.

La familia se muda desde su quinta en Palermo al centro porteño, a una casa de patio y aljibe. El 24 de agosto de 1899, Jorge Luis Borges entra a la seguridad del vientre materno y ocho meses después a la nada, o al Todo, que podría ser un sinónimo.

Ahora Borges ya no es Borges, sino la sangre de sus ancestros. Su influencia literaria se reflejará en autores como Chesterton, Coleridge, De Quincey y Emerson. Se dice que su Pierre Menard sirvió de inspiración a Cervantes y que algunas de las ideas expuestas en su obra tuvieron eco en las doctrinas de los heresiarcas del siglo II de nuestra era.

La profecía de Ignazio Silone

15 de junio de 2015

"La batalla final será entre comunistas y ex comunistas". La frase, dicha jocosamente al líder del Partido Comunista Italiano (PCI), Palmiro Togliatti, pertenece al escritor Ignazio Silone, fundador y luego disidente de esa fuerza política.

Mitad broma y mitad profecía, el aserto de Silone hacía referencia a la importante contribución a la causa de la libertad hecha por intelectuales ex partidarios del marxismo, entre los que se cuentan figuras de la talla de André Gide, Arthur Koestler, George Orwell, Stephen Spender o James Burnham.

En América Latina podemos citar los casos de Octavio Paz y de Mario Vargas Llosa, quienes supieron evolucionar desde la izquierda revolucionaria a un liberalismo crítico hacia toda forma de autoritarismo.

Tal vez la clave para esta contribución estribe en que los ex marxistas llegaron a conocer en profundidad los perversos mecanismos de distorsión de la realidad y de anulación de la individualidad puesta en práctica por la dictadura soviética o sus facsímiles chinos y cubanos.

"Nosotros, los ex comunistas, somos las únicas personas que sabemos de qué se trata", señaló en su momento Koestler.

Posiblemente no haya una "batalla final", como no habrá un *fin de la historia*, y la tentación totalitaria deba ser conjurada cíclicamente. Pero en esa tarea el ejemplo de quienes supieron romper con las fuerzas liberticidas —aún a costa de la descalificación y el vituperio— servirá como fuente de inspiración permanente.

Valladares en Santa Cruz

15 de junio de 2015

Han pasado más de siete años desde que el escritor cubano Armando Valladares pisara tierra cruceña, adonde llegó como observador internacional del referéndum autonómico celebrado el 4 de mayo de 2008, representando a una organización de derechos humanos de Nueva York.

En la ocasión, los integrantes del PEN Club Santa Cruz lo agasajamos con una cena en la que compartimos charla literaria y también preocupaciones de orden político, por el rumbo que ya comenzaba a tomar Bolivia bajo el régimen pro-chavista de Evo Morales.

Conocíamos previamente el libro por antonomasia de Armando, *Contra toda esperanza*, una crónica descarnada de su experiencia como preso político en las cárceles del castrismo durante 22 años.

Las múltiples vejaciones sufridas difícilmente podrían resumirse en este breve artículo, abusos que iban desde la tortura sistemática hasta la negación de vestimenta y alimentos, pasando por los experimentos psicológicos.

Luego de un largo calvario, Armando fue liberado por mediación del presidente galo Francois Mitterrand, partiendo al exilio en Estados Unidos, país del que acabaría siendo embajador ante la Comisión de Derechos Humanos de la ONU.

Como observador en el referéndum de Santa Cruz fue testigo de los intentos de boicot de las tropas de choque evistas a la consulta popular, lo que incluyó el secuestro de ánforas.

Finalmente, tuvo que partir de manera anticipada, luego de detectar el seguimiento que le hacían agentes del G2 cubano, los mismos que años atrás habían intentado secuestrarlo en Roma.

Recordé estas anécdotas al leer hoy día un artículo de Armando donde interpela gravemente al cardenal de Cuba, Jaime Ortega, quien increíblemente ha dicho que en la isla "solo hay presos comunes".

Sabedor de la falacia, nuestro amigo emprendió la batalla de ideas en solidaridad con quienes, en número de al menos 50, siguen padeciendo los tormentos del sistema carcelario castrista en razón de su disidencia.

A sus 78 años, Armando Valladares sigue siendo uno de los activistas pro-libertad más destacados de las Américas.

Rodó y su crítica del jacobinismo

17 de junio de 2015

Los autores del *Manual del perfecto idiota latinoamericano* (1996) situaron al ensayista uruguayo José Enrique Rodó como uno de los predecesores del pensamiento "antiimperialista" o, más precisamente, antinorteamericano de nuestra región.

La observación es exacta, toda vez que desde las páginas de su *Ariel* (1900) Rodó pretendió hacer una crítica del utilitarismo anglosajón, cuestionando a quienes desde el sur buscaban emular el éxito de los Estados Unidos y motejando su actitud de *nordomanía*.

Sin embargo, existe otro Rodó, al que considero más valioso y cuya difusión es el propósito central de estas líneas.

Hablamos del pensador de *Liberalismo y jacobinismo* (1906), libro donde el ensayista estableció un parteaguas entre dos actitudes frente a la razón, la tolerancia, la experiencia y la tradición, mentalidades que aún hoy sirven de fundamento a la derecha liberal y a la izquierda socialista, respectivamente.

A propósito de una prohibición de los crucifijos en los hospitales dependientes del Estado uruguayo, Rodó se declaró contrario a esta medida a través de una carta al diario La Razón, donde calificaba de "jacobinismo" la postura asumida por la Comisión Nacional de Caridad.

Poco después el doctor Pedro Díaz, que a la sazón representaba al ala izquierda de la misma fuerza política en la que militaba Rodó (el Partido Colorado), replicó a las opiniones del ensayista, quien a su vez respondió con sus *Contrarréplicas*, que le sirvieron para componer el libro *Liberalismo y jacobinismo*.

Veamos algunos pasajes capitales del texto de Rodó:

> Hay inexactitud en la manera como usted califica la resolución sobre que versa su consulta, al llamarla «acto de extremo y radical liberalismo».
>
> ¿Liberalismo? No: digamos mejor «jacobinismo». Se trata, efectivamente, de un hecho de franca intolerancia y de estrecha incomprensión moral e histórica, absolutamente inconciliable con la idea de elevada equidad y de amplitud generosa que va incluida en toda legítima acepción del liberalismo, cualesquiera que sean los epítetos con que se refuerce o extreme la significación de esta palabra.

Un profesor de filosofía que, encontrando en el testero de su aula, el busto de Sócrates, fundador del pensamiento filosófico, le hiciera retirar de allí; una academia literaria española que ordenase quitar del salón de sus sesiones la efigie de Cervantes; un parlamento argentino que dispusiera que las estatuas de San Martín o de Belgrano fueran derribadas para no ser repuestas; un círculo de impresores que acordase que el retrato de Gutemberg dejase de presidir sus deliberaciones sociales, suscitarían, sin duda, nuestro asombro, y no nos sería necesario más que el sentido intuitivo de la primera impresión para calificar la incongruencia de su conducta. (…)

No es necesario afanarse mucho tiempo para encontrar el rastro de esa lógica: es la lógica en línea recta del jacobinismo, que así lleva a las construcciones idealistas de Condorcet o de Robespierre como a los atropellos inicuos de la intolerancia revolucionaria; y que, por lo mismo que sigue una regularidad geométrica en el terreno de la abstracción y de la fórmula, conduce fatalmente a los más absurdos extremos y a las más irritantes injusticias, cuando se la transporta a la esfera real y palpitante de los sentimientos y los actos humanos. (…)

El jacobinismo, que con relación a los hechos del presente tiene por lema: «La intolerancia contra la intolerancia», tiene por característica, con relación a las cosas y a los sentimientos del pasado, esa funesta pasión de impiedad histórica que conduce a no mirar en las tradiciones y creencias en que fructificó el espíritu de otras edades, más que el límite, el error, la negación, y no lo afirmativo, lo perdurable, lo fecundo, lo que mantiene la continuidad solidaria de las generaciones (…).

Como se ve, Rodó realiza una crítica del racionalismo abstracto jacobino, a la manera de lo ensayado por Edmund Burke en sus *Reflexiones sobre la revolución francesa*. No es casual esta similitud con el *old whig*, hoy disputado por el liberalismo clásico y el conservadurismo moderado.

Ambos realizaron un parecido deslinde entre las dos corrientes de la Ilustración: aquella que derivó hacia el *culto a la razón*, siendo origen tanto del despotismo ilustrado como del Terror y más contemporáneamente de las ingenierías sociales de izquierda; contra la vertiente moderada que reconoce el valor del conocimiento acumulado en las costumbres, pregonando la renovación sin rupturas y el gradualismo en las reformas políticas.

Recientemente, Yuval Levin ha reactualizado la histórica disputa entre Burke y Thomas Paine en *El Gran Debate* (2014), identificándolos como los polos más representativos de estas corrientes en el mundo intelectual anglosajón y encontrando en su controversia las raíces de la derecha y la izquierda norteamericanas.

Una genealogía de las ideas políticas en nuestra región no debería prescindir de la lectura de *Liberalismo y jacobinismo* como un texto fundacional para la centro-derecha latinoamericana.

Libertad para elegir: la propuesta educativa de Milton Friedman

3 de agosto de 2013

El Nobel de Economía Milton Friedman contaba que, cuando publicó en 1955 el artículo *El papel del gobierno en la educación*, no imaginó que acabaría convirtiéndose en una suerte de activista de la reforma escolar, creando una fundación que promoviera la libertad de los padres para elegir la escuela de sus hijos.

Siete años después publicaba el ensayo *Capitalismo y libertad*, donde analizaba los tres grandes roles del Estado en materia educativa: (1) legislando la educación obligatoria, (2) financiando la educación y (3) administrando las escuelas.

La conclusión de Friedman era que había cierta justificación en la obligatoriedad de la educación y en su financiamiento, pero que "la administración en sí de las instituciones educacionales por parte del gobierno, su 'nacionalización', era mucho más difícil de justificar".

El financiamiento podía separase de la administración. Decía que "Los gobiernos podrían exigir ese mínimo de educación financiado a través de vales entregados a los padres y redimibles por una cantidad por cada niño, a ser gastados sólo en educación... desnacionalizando a las escuelas".

Con esto "se ampliarían las opciones al alcance de los padres... Aquí, lo mismo que en otros campos, la empresa competitiva es mucho más eficiente en complacer la demanda que las empresas nacionalizadas...".

Concluía Friedman que "Cuando eso se logre, un mercado competitivo de educación privada al servicio de padres que tienen la libertad de escoger la que consideran es la mejor escuela para cada uno de sus hijos demostrará cómo se revolucionará la educación".

Y agregaba que "Son las sociedades libres las que, de lejos, han permitido un mayor desarrollo a los aspectos inmateriales, espirituales y artísticos del bienestar".

Desde entonces, mucha agua ha corrido bajo el puente y el cheque escolar funciona exitosamente en la actualidad en Dinamarca, Suecia, Nueva Zelanda y Australia, en cinco regiones italianas y en varios estados de los Estados Unidos.

Nótese que estos países y regiones están a la cabeza en los indicadores mundiales de desarrollo humano, y que una de las categorías principales para medir este desarrollo es, precisamente, la calidad del sistema educativo.

El cheque escolar consiste en que el Estado entrega a los padres una cantidad de dinero (o un bono canjeable) por cada hijo en edad escolar, cantidad con la que se abonarían los gastos del centro educativo donde aquellos eligiesen matricularlo, sea público o privado.

Según la organización promotora del cheque escolar en Chile, los beneficios de este sistema se sintetizan en cuatro puntos: competencia, libertad, alternativas y calidad.

La competencia hace que los proveedores de educación se esfuercen en mejorar la calidad, ya que su financiamiento depende de que los padres elijan enviar a sus hijos a ese centro escolar y no a otro.

En resumen, se plantea que en lugar de financiar un ineficiente sistema de escuelas públicas de baja calidad, sería mejor darles esos fondos directamente a los padres, para que estos decidan a qué colegio irán los hijos.

En Bolivia, habría sido más razonable destinar una parte significativa de la renta gasífera a esta iniciativa educativa y no a la compra de aviones de lujo para el gabinete ministerial o a la construcción de nuevos palacios presidenciales.

Vargas Llosa contra el "delirio mesiánico"

18 de mayo de 2013

Desde uno de los principales foros mundiales sobre derechos humanos, el Oslo Freedom Forum, el Premio Nobel Mario Vargas Llosa alertó sobre las nuevas tendencias autoritarias en América Latina, corriente en la cual incluyó al gobierno boliviano.

El célebre escritor y pensador liberal advirtió sobre la confrontación violenta que llevan adelante algunos presidentes de la región contra el periodismo crítico, citando el caso de Evo Morales.

"Es una tendencia que apunta a acallar las voces y las disidencias", señaló.

También cuestionó lo que llamó el "delirio mesiánico" de Hugo Chávez, indicando que el mismo se ha extendido a Bolivia, Ecuador, Nicaragua y Argentina.

Vargas Llosa consideró que parte de la "pobreza institucional" en el continente se debe a que "si los mejores no hacen política, ésta cae en manos de los peores".

Agregaremos nosotros que el término de origen griego para nombrar al "gobierno de los peores" es *kakistocracia*, que el filósofo Frederick M. Lumley define como un "estado de degeneración de las relaciones humanas en que la organización gubernativa está controlada y dirigida por gobernantes que ofrecen toda la gama, desde ignorantes y matones electoreros hasta bandas y camarillas sagaces, pero sin escrúpulos".

Por su parte, el profesor de la cátedra de Filosofía Política de la Universidad de Turín, Michelangelo Bovero, dice que la kakistocracia es "La combinación de la tiranía, la oligarquía y la demagogia: el pésimo gobierno, la república de los peores".

Cualquier parecido con realidades latinoamericanas muy actuales es más que mera coincidencia.

La tía Julia y el cocalero

11 de enero de 2014

El anuncio sobre la llegada de Mario Vargas Llosa a Bolivia puso muy nervioso al régimen evista. Prueba de ello fue la andanada de insultos e intentos de descalificación lanzada por voceros gubernamentales, con falacias que iban desde la descabellada atribución de la visita a un operativo comandado por un ex ministro de gobierno en el exilio hasta el epíteto de "político fracasado" contra el Nobel de Literatura, puesto con absoluta ligereza por el vicepresidente García Linera.

Sobre esto último, baste decir que si el "éxito político" en la concepción linerista equivale a la concentración hegemónica de poder y el desmantelamiento de los equilibrios republicanos, estamos listos.

Uno de los ataques del gobierno fue ejecutado por el propio presidente Evo Morales, quien echó mano a los bajos recursos de la "crónica rosa" recomendándole al escritor que "llevara flores a la tumba" de Julia Urquidi, su ex esposa boliviana, de cuya relación Vargas Llosa dio cuenta en la famosa novela *La tía Julia y el escribidor.*

Síntoma inequívoco de pobreza argumental, sin duda, lo del mandatario cocalero.

Lo cierto es que el Nobel hizo temblar al Palacio aún antes de haber llegado a territorio boliviano. ¿Por qué tanta inquietud en las filas "plurinacionales"?

Tal vez la causa deba buscarse en la conciencia intranquila de un régimen cada vez más antidemocrático, que teme a la difusión de su verdadero rostro a nivel internacional, algo que el prestigio y la repercusión de las palabras de Vargas Llosa dan por asegurado.

Un Nobel en el "Estado Plurinacional"

21 de enero de 2014

El Nobel de Literatura que tanto preocupaba al Palacio Quemado llegó al país en pleno festejo por el "Estado Plurinacional", el artificio institucional con que el proyecto neo-populista intenta sustituir a la República de Bolivia.

La zozobra de Evo Morales y su entorno se debía, seguramente, a las anteriores críticas de Vargas Llosa hacia los "populismos payasos" y los "delirios mesiánicos", sayos que el régimen se habrá puesto por razones obvias.

Uno de los giros discursivos del gobierno, aplicado por el vice García Linera y repetido por serviles "intelectuales progresistas", intentó disociar el mérito literario de Vargas Llosa de sus concepciones políticas.

Falacia que no pasa el menor examen, si tenemos en cuenta que buena parte de la obra del escritor peruano está centrada en la crítica del autoritarismo, desde los abusos en la instrucción militar retratados en su novela inicial, *La ciudad y los perros*, hasta la minuciosa reconstrucción de la dictadura trujillista en *La fiesta del Chivo*.

Una concepción absolutamente coherente que lo ha llevado a cuestionar a los regímenes autoritarios sin importar su alineamiento ideológico, desde la dictadura de Pinochet hasta la tiranía cubana.

Actitud que contrasta de manera radical con la de quienes parecen creer que las dictaduras son buenas si adhieren al lado izquierdo del espectro político.

Literatura y ciudadanía crítica

24 de enero de 2014

Finalmente, Vargas Llosa pasó por Santa Cruz y dejó importantes semillas de libertad intelectual. En un coloquio celebrado en la AECID, el Nobel dio su visión sobre la función de la literatura como provocadora del inconformismo y la ciudadanía crítica.

Luego de citar la influencia que tuvieron autores como Faulkner y Flaubert en su narrativa, o Arthur Miller en su dramaturgia, Vargas Llosa volvió varias veces sobre su mensaje central: "La literatura hace sentir a los lectores que el mundo está mal hecho" y por eso "crea ciudadanos inconformistas, díscolos y críticos".

De ahí que "los regímenes comunistas, fascistas, nazistas, las dictaduras militares, inmediatamente crean sistemas de censura" (momento en el cual recordamos el citado intento del régimen evista de depurar a clásicos bolivianos de la currícula escolar).

"La literatura rompe las fronteras que nos separan, y nos muestra que los rusos y los japoneses son iguales a nosotros", por lo cual estaría "reñida con toda forma de nacionalismo; una gran obra enriquece a todos los lectores del mundo".

En la misma línea, afirmó que la literatura es importante "para tener sociedades dinámicas, modernas y, sobre todo, libres", y para evitar caer en aquellas "sociedades pesadillescas imaginadas por Huxley y Orwell".

Opinó también que las literaturas más ricas son las que surgen en medio de grandes convulsiones políticas y sociales: "En las sociedades más estables, tranquilas y prósperas, ¿qué literatura se produce? Si usted es suizo, ¿para qué quiere protestar? Hay que tener los formidables problemas de Latinoamérica para desarrollar una literatura como la nuestra".

"En dictadura los escritores llenan un vacío, porque no hay oposición", dijo en otro momento del coloquio.

Quedó claro por qué su visita preocupaba tanto a los enemigos del libre pensamiento.